Master Chef

Uz ovu će kuharicu kuhati:

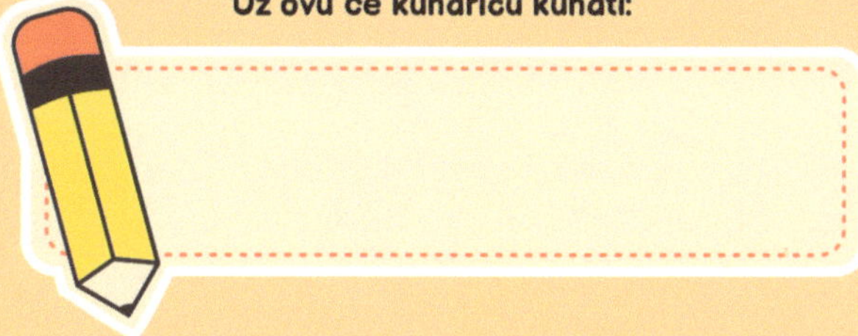

Sadržaj

Pravila u kuhinji

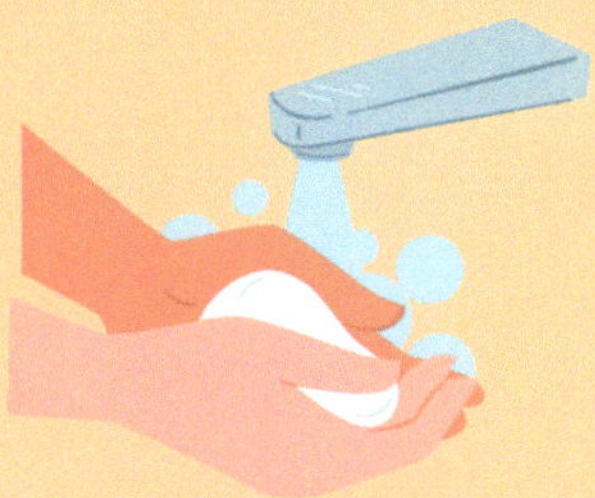

Operi ruke

Slušaj i slijedi instrukcije

Ne diraj noževe ni oštre predmete

Ne diraj pećnicu bez nadzora

Pomozi i očisti

U kuhinji ne trčimo

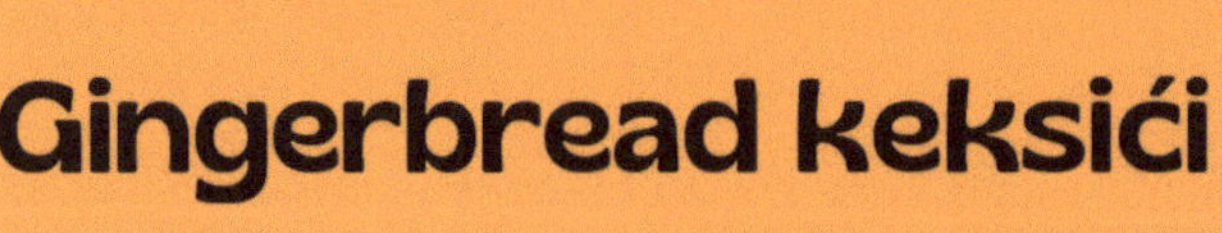

Gingerbread keksići

25-30 komada

280g brašna

140g maslaca

**1 žličica
praška za pecivo**

**120g smeđeg
šećera**

**3 žličice
začina za medenjake
ili cimeta**

3 žlice meda

1 jaje

Upute

Zagrij pećnicu na 180°C i pripremi lim za pečenje.

Dodaj brašno, prašak za pecivo i začin za medenjake u zdjelu, zatim dodaj hladne kockice maslaca.

Mijesi rukama dok smjesa ne postane poput sitnih mrvica.

U smjesu umiješaj šećer, zatim dodaj med i jaje. Miješaj dok ne dobiješ glatko tijesto. Ohladi tijesto u hladnjaku 30 minuta.

Razvaljaj tijesto na 1/2 cm debljine, izreži oblike pomoću kalupa i ukrasi po želji. Peci 10-12 minuta na 180°C.

Keksi s džemom

30-35 komada

250g brašna

225g maslaca

150g džema od malina

130g kokosovog ili bijelog šećera

1 žličica ekstrakta badema

Upute

Zagrij pećnicu na 180°C i pripremi lim za pečenje.

U zdjeli pjenasto umuti maslac i šećer. Zatim dodaj ekstrakt badema i brašno, miješaj dok se smjesa ne poveže.

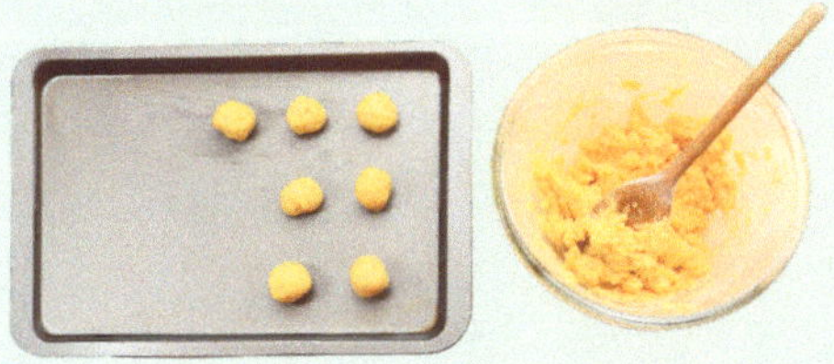

Oblikuj tijesto u kuglice veličine po želji (npr. 15 grama) i posloži ih na lim za pečenje, ostavljajući razmak od otprilike 5 cm između svake kuglice.

Pritisni palcem ili žličicom u sredini svake kuglice i napravi udubljenje, zatim napuni džemom.

Peci 14-16 minuta na 180°C dok malo ne porumene. Posluži hladne.

Čoko zobeni keksi

20-25 komada

75g brašna

110g maslaca

1 banana

50g smeđeg šećera

1/2 žličice cimeta

1/2 žličice praška za pecivo

1 žličica vanilinog ekstrakta

40g komadića čokolade

100g zobenih pahuljica

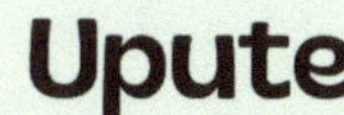

Zagrij pećnicu na 180°C i pripremi lim obloživši ga papirom za pečenje.

Zgnječi bananu u zdjeli, zatim dodaj sve ostale sastojke osim komadića čokolade i pomiješaj.

Kad je sve spojeno dodaj komadiće čokolade i oblikuj 12 kuglica.

Stavi na lim za pečenje obložen papirom, pa ih lagano pritisni vilicom.

Peci na 180°C oko 10 minuta, dok ne dobiju svijetlosmeđu boju na rubovima.

Snježne kuglice

12-14 komada

260g kokosovog brašna

6 žlica meda ili javorovog sirupa

1 žličica vanilinog ekstrakta

6 žlica kokosovog ulja

Upute

Izmiksaj kokos, javorov sirup ili med, kokosovo ulje i vaniliju u blenderu ili procesoru hrane na par minuta.

Oblikuj smjesu u kuglice (možeš pouljiti ruke za lakše oblikovanje).

Uvaljaj kuglice u kokos.

Po želji, kuglice možeš uvaljati u otopljeno čokoladu ili mrvice čokolade.

Posloži kuglice na tanjur obložen papirom za pečenje i stavi u hladnjak ili zamrzivač dok ne očvrsnu.

Kuglof od naranče

130g brašna

90ml maslinovog ulja

15g praška pecivo

1 žlica ribane narančine kore

3 žlice cijeđenog soka od naranče

90g meda

2 jaja

120g jogurta

prstohvat soli

Upute

Zagrij pećnicu na 180°C i pripremi kalup za tortu (20 cm) ili kuglof.

U zdjeli pomiješaj brašno, prašak za pecivo, sol i koricu naranče. Zatim dodaj jogurt, sok od naranče, med, ulje i jaja te dobro izmiješaj.

Ulij smjesu u kalup i peci 30 minuta na 180°C. Provjeri čačkalicom je li pečen. Ako izađe suha gotov je!

Ostavi da se hladi u kalupu 15-20 minuta, zatim prebacit na rešetku da se potpuno ohladi.

Po želji možeš pomiješati 3 žlice soka od naranče i 80g šećer u prahu. Prelij glazuru preko i uživaj u kolaču.

375g brašna

1 žumanjak

250g maslaca

**1 žličica
ekstrakta vanilije**

140g šećera u prahu

Upute

Pomiješaj u zdjeli šećer u prahu, vaniliju, žumanjak i maslac narezan na kockice dok smjesa ne postane glatka.

Dodaj brašno i umijesi čvrsto tijesto. Oblikuj ga u dvije kugle, zamotaj i stavi u hladnjak na 20 minuta.

Zagrij pećnicu na 180°C, pripremi lim za pečenje i papir.

Razvaljaj tijesto na debljinu od 5mm na lagano pobrašnjenoj površini. Izreži oblike pomoću kalupa i posloži ih na lim za pečenje.

Peci keksiće dok ne postanu lagano zlatni. Ukrasi ih po želji.

Raspucanci

12 komada

130g brašna

120ml otopljenog kokosovog ulja

1 žličica praška za pecivo

1 žlica vanilija ekstrakta

40g kakao praha

135g kokosovog šećera

2 jaja

60g šećera u prahu

85g tamne čokolade

Upute

U zdjeli pomiješaj brašno, kakao prah i prašak za pecivo.

U drugoj zdjeli umuti jaja, kokosov šećer, kokosovo ulje i vaniliju dok smjesa ne postane glatka.

Sjedini sve sastojke u jednu posudu i dodaj male komadiće čokolade.

Ohladi tijesto u hladnjaku najmanje 30 minuta. Zatim oblikuj kuglice od tijesta te ih uvaljaj u šećer u prahu.

Stavi kuglice na lim za pečenje i peci 12 minuta u zagrijanoj pećnici na 170ºC. Kad se ohlade, uvaljaj ih ponovno u šećer u prahu.

Vanilin kiflice

Oko 70 komada

350g brašna

210g maslaca

100g mljevenih oraha

80g šećera

1 bjelanjak

4 žlice šećera u prahu, za posipanje

10g vanilin šećer

Upute

Izmiješaj brašno, šećer, vanilin šećer i mljevene orahe. Dodaj hladan maslac isjeckan na male komadiće.

Zatim dodaj bjelanjak. Umijesi tijesto rukama. Spremi tijesto u hladnjak na 30 minuta.

Zagrij pećnicu na 170°C. Pripremi lim za pečenje i papir.

Oblikuj kiflice rukama u oblik polumjeseca. Prosjek 10g po kiflici.

Peci otprilike 12 minuta. Dobit će laganu boju, a na dodir će biti još malo mekane. Ohladi i uvaljaj u šećer u prahu.

Limunčići

14-16 komada

120g brašna

75g otopljenog maslaca

1/2 žličice praška za pecivo

100g šećera

1 jaje

120ml limunovog soka + 1 žlica limunove korice

1 žlica meda

25g kokosovog brašna

100g zobenih pahuljica

Upute

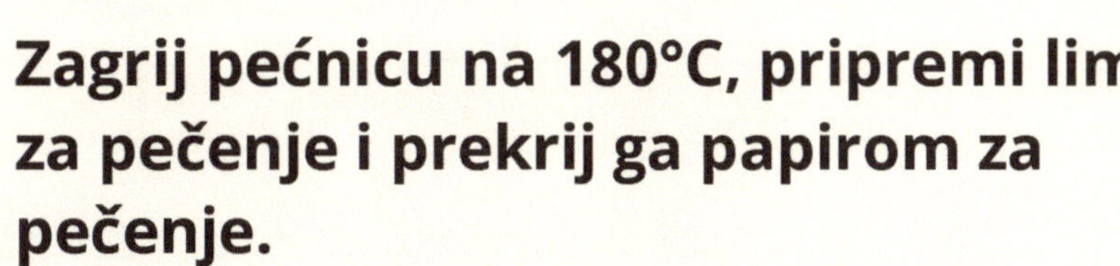

Zagrij pećnicu na 180°C, pripremi lim za pečenje i prekrij ga papirom za pečenje.

U zdjelu stavi suhe sastojke: zobene pahuljice, brašno, kokosovo brašno, šećer i prašak za pecivo.

U drugoj zdjeli umuti mokre sastojke: rastopljeni maslac, jaje, med, sok od limuna i limunovu koricu.

Spoji mokre i suhe sastojke. Smjesa će biti vlažna. Žlicom stavljaš smjesu na pleh, možeš ih oblikovati žlicom da budu okruglasti i spljošteni.

Peci 10-12 minuta na 180°C, dok rubovi ne postanu lagano zlatni. Ohladi i po želji prelij otopljenom bijelom čokoladom.

Čupavci

12 komada

300g brašna

180ml ulja

15g praška
za pecivo

120ml mlijeka

3 jaja

220g šećera

Sastojci za biskvit

Čupavci

170g tamne čokolade

150g maslaca, sobne temperature

200ml mlijeka

200g kokosovog brašna

Sastojci za čokoladni umak

Upute

Zagrij pećnicu na 180°C i pripremi lim za pečenje.

Izmiksaj šećer i maslac u pjenastu smjesu pa dodaj jaja i mlijeko. Prosij brašno i prašak za pecivo pa dodaj u pripremljenu smjesu.

Izlij u pravokutni lim za pečenje 25x35 cm. Peci 30ak minuta i testiraj čačkalicom je li biskvit gotov. Ako izađe čista, biskvit je pečen.

Biskvit ohladi pa ga nareži na kocke. Rastopi čokoladu na pari s maslacem i mlijekom.

Umoči biskvit u čokoladu, uvaljaj u kokos i posloži na čisti papir za pečenje.

Mali slatki izazov

Došao/došla si do stranice gdje ti želim otkriti jedan poseban izazov! U ovom izazovu, pozivamo te da napraviš kolačiće za nekoga tko ti je važan! To mogu biti tvoji baka i djed, susjeda, prijatelj ili bilo tko tko bi se razveselio slatkom daru.

Odaberi svoj omiljeni recept iz ove kuharice i dodaj poseban dodir — možda ukrasiš kolačiće/kekse svojim omiljenim šarenim perlicama ili dodaš poruku zahvalnosti.

Uživaj u pečenju i dijeljenju radosti s drugima! Tko zna, možda će ti uzvratiti s osmijehom ili čak vlastitom slasticom! Pokaži koliko ti je stalo — jer u malim stvarima leži prava čarolija blagdana!

Voćni crumble

Za 4 osobe

200g brašna

150g maslaca

100g zobenih pahuljica

75g šećera u prahu

1/2 žličice cimeta, opcionalno

350g omiljenog bobičastog voća

Upute

Zagrij pećnicu na 180°C i pripremi lim za pečenje veličine 18×20 ili npr. vatrostalnu posudu po izboru.

U zdjelu stavi brašno, šećer u prahu i zobene pahuljice. Dodaj maslac narezan na kockice u smjesu.

Rukama sjedini sastojke dok ne dobiješ teksturu nalik mrvicama (crumble).

Dodaj voće na dno posude, zatim stavi mrvičasti posip preko voća i peci oko 35 minuta dok ne postane zlatno smeđe.

Posluži kao doručak dok je toplo ili kao desert uz kuglicu sladoleda.

Zdrave kuglice

16-18 komada

200g datulja

40g kakao praha

240g oraha

2 žlice maslaca od kikirikija ili badema

20g zobenih pahuljica

Upute

U blender ili sjeckalicu dodaj datulje, orahe, kakao prah i maslac od orašastih plodova . Miksajte dok ne dobiješ glatku smjesu.

Dodaj u smjesu zobene pahuljice i sve sjedini. Zatim smjesu spremi u hladnjak na 20 minuta kako bi se stisnula i olakšalo oblikovanje.

Kad je smjesa dovoljno ohlađena, mokrim rukama oblikuj kuglice.

Kuglice uvaljaj u kakao, mljevene orahe ili kokos, prema želji.

Čuvajte kuglice u zatvorenoj posudi u hladnjaku.

Palačinke
s borovnicama

6-8 palačinki američkog stila

130g brašna

2 žlice ulja

**10g praška
za pecivo**

180ml mlijeka

70g borovnica

1 žličica šećera

1/2 žličica soli

1 jaje

Upute

U velikoj zdjeli pomiješaj brašno, šećer, prašak za pecivo i sol.

Dodaj jaje, mlijeko i ulje te dobro izmiješaj smjesu. Umiješaj borovnice u tijesto.

Zagrij tavu na srednje jakoj vatri i prelij je s malo ulja ili maslaca.

Žlicom stavljaj tijesto na zagrijanu tavu, peci dok ne postane zlatno smeđe, oko 4-5 minuta, zatim okreni i peci drugu stranu.

Posluži odmah s maslacem, sirupom, šećerom u prahu ili umakom od borovnica.

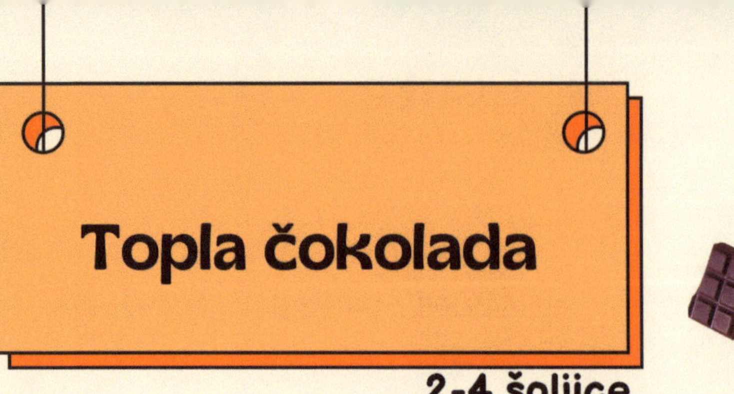

Topla čokolada

2-4 šoljice

8 datulja/hurmi

4 žlice kakaa

10 badema

100ml vode

200ml mlijeka

4 kockice čokolade

Upute

Namoči datulje bez koštica i bademe u zdjelicu vrućeg mlijeka (100ml) oko 30 minuta.

Zatim sve izmiksaj s mlijekom u blenderu i dodaj kakao prah i vodu. Izmiksaj u glatku pastu.

Dodaj ostatak mlijeka u lonac i zagrij.

Zatim dodaj pripremljenu pastu i sjeckane čokolade. Promiješaj dok se čokolada ne otopi i sjedini.

Možeš dodati malo vode/mlijeka da postigneš željenu konzistenciju. Posluži toplo.

Veseli štapići

240g brašna

225g maslaca

1/4 žličice praška za pecivo

100g šećera

2 žlice mlijeka

1/2 žličice soli

2 žličice ekstrakta vanilije

100g čokolade

Zagrij pećnicu na 180°C i obloži lim za pečenje papirom za pečenje.

Miksaj u zdjeli maslac i šećer dok smjesa ne postane pjenasta.

Pomiješaj brašno, prašak za pecivo i sol, pa postupno dodaj u smjesu maslaca i šećera.

Zatim umiješaj mlijeko i vaniliju.

Podijeli tijesto na 2 dijela i zamotaj u foliju. Hladi u hladnjaku 1h.

Upute II

Razvaljaj tijesto na debljinu od 3 mm. Izreži tijesto u prvokutnik dužine 10 cm i širine koliko imaš tijesta.

Izreži trakice dimenzija 1 cm x 10 cm.

Peci kekse na limu za pečenje 12-14 minuta na 180°C, dok ne postanu zlatnosmeđi.

Istopi čokoladu u mikrovalnoj pećnici ili na pari.

Ohladi kekse, zatim ih umoči u rastopljenu čokoladu i pospi mrvicama po želji.

Mali slatki izazov

Došao/došla si do sljedećeg izazova! Ovdje te pozivam da stvoriš poseban poklon za djecu koja bi se mogla obradovati tvojoj pažnji. Razmisli o stvarima koje imaš kod kuće koje bi mogla razveseliti druge — to mogu biti igračke koje više ne koristiš, knjige koje su ti drage ili neki slatkiš.

Pomažući drugima, možeš unijeti puno radosti u njihove živote! Uz svoj poklon, obavezno napravi i ukusne kolačiće iz ove kuharice! Spremi ih u lijepu kutiju ili vrećicu i dodaj poruku s lijepim željama. Tvoj mali dar može donijeti sreću i osmijeh onima koji ga primaju, a ti ćeš se osjećati divno jer si učinio nešto lijepo za nekoga drugoga. U ovoj blagdanskoj sezoni, sjeti se koliko je važno dijeliti radost i činiti dobra djela.

Moji recepti:

Sastojci:

Upute:

Moji recepti:

Sastojci:

Upute:

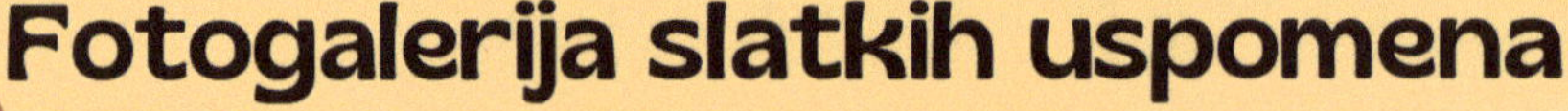

Fotogalerija slatkih uspomena

Fotogalerija slatkih uspomena

Spisak namirnica za kupovinu:

Spisak namirnica za kupovinu:

Dragi mali istraživaču,

Dok sam pisala ovu knjižicu s receptima, bila sam ispunjena radošću jer sam znala da će završiti u tvojim rukama. Ova kuharica nije samo zbirka recepata, već pravi alat za stvaranje dragocjenih uspomena s obitelji u ovo posebno, blagdansko vrijeme.

Dok pripremaš kolače i kekse iz ove knjižice, uživat ćeš u zajedničkom vremenu s najdražima. Blagdani su vrijeme kada se zbližavamo, darujemo jedni druge i pomažemo. Svaka slika u knjižici pomoći će ti da jednostavno pratiš recepte i s veseljem pripremaš slatke slastice.

Osim kuhanja, naučit ćeš i druge korisne stvari — mjerenje sastojaka, praćenje uputa, a možda i pokoje novo slovo. Kuhinja postaje mjesto gdje se zabavljamo, učimo i dijelimo trenutke radosti.

Dragi mali božićni kuharu, uživaj u svakom trenutku, bilo da daruješ svoje kekse nekome posebnom ili jednostavno dijeliš osmijehe s onima koje voliš. Neka svaki kolačić bude pun ljubavi, a svaki trenutak u kuhinji ispunjen srećom i radošću.

Želim cijeloj obitelji puno zabave i slatkih trenutaka u kuhinji tijekom blagdana i hladnih zimskih dana!

S ljubavlju,
Renata Sović Hajdarević